根据《3—6岁儿童学习与发展指南》《幼儿园教育指导纲要（试行）》编写

幼儿数学生活化教学活动100例

（小班）

顾　问：李　杰
主　编：朱　晓
编　委：吴国彬（广东茂名幼儿师范专科学校）
　　　　黄　燕（广东省高州市大井镇中心幼儿园)
　　　　钟宏伟（广东省佛山市禅城区教育发展中心）
　　　　吴　富（广东省高州市泗水镇中心学校）
　　　　梁　建（广东省高州市平山镇中心学校）
　　　　梁艳锋（广东省高州市教育研究室）
　　　　何雪玲（广东省高州市曹江镇中心幼儿园）
　　　　黄明娟（广东省高州市小主人幼儿园）

广东高等教育出版社
Guangdong Higher Education Press

·广州·

图书在版编目（CIP）数据

幼儿数学生活化教学活动100例 / 朱晓主编. —广州：广东高等教育出版社，2020.10
ISBN 978-7-5361-6251-8

Ⅰ.①幼… Ⅱ.①朱… Ⅲ.①数学课–学前教育–教案（教育） Ⅳ.①G613.4

中国版本图书馆CIP数据核字（2018）第193190号

责任编辑　钱　丹
责任校对　吴旭芝
封面设计　阿　丁
出版发行　广东高等教育出版社
　　　　　地址：广州市天河区林和西横路
　　　　　邮编：510500　　营销电话：（020）87551163
　　　　　http://www.gdgjs.com.cn
印　　刷　广东鹏腾宇文化创新有限公司
开　　本　787毫米×1 092毫米　1/16
印　　张　20.25
字　　数　320千
版　　次　2020年10月第1版
印　　次　2020年10月第1次
定　　价　75.00元（共3册）

前　言

　　"无数学不生活、无数学不人生"，迅猛发展的数字化、信息化时代对个人的数学认知和运用能力提出了前所未有的高要求。《幼儿园教育指导纲要（试行）》指出："引导幼儿对周围环境中的数、量、形、时间和空间等现象产生兴趣，建构初步的数概念，并学习用简单的数学方法解决生活和游戏中某些简单的问题。"《3—6岁儿童学习与发展指南》指出："要珍视游戏和生活的独特价值，创设丰富的教育环境，合理安排一日生活，最大限度地支持和满足幼儿通过直接感知、实际操作和亲身体验获取经验的需要，严禁'拔苗助长'式的超前教育和强化训练。"教育向幼儿的生活回归是现代教育的一个重要趋势，数学教育也不例外。

　　生活中处处有数学。幼儿的数学学习，是他们在与周围环境的互动中自发地认知学习或在成人的引导下学习数的知识、技能，发展数学认知能力的过程。它特别注重幼儿对自己周围环境中数学问题的关注和兴趣，注重在日常生活中通过感知、体验和操作活动理解数的抽象关系，并在解决问题的过程中运用所学的数学知识，逐步发展逻辑思维。

　　欧美数学教材给人一个突出感觉是：教学内容现代化，而且密切联系生活实际。教材的插图都是真人、实物的照片，使人感到数学不可怕，数学就在我们身边，就在我们的生活中，这样幼儿学习数学的兴趣自然大大提高。

　　幼儿在一日活动各个环节中以什么样的方式接触数学，决定了幼儿对数学的最初感受，而数学教学活动生活化为幼儿学习数学、感受数学提供了一个最有效、最有趣的过程。

　　如何才能实现数学教学生活化？我认为，在数学教学中，要摒弃让幼儿厌倦、让思维禁锢的机械记忆方法，要让幼儿多接触生活、融入生活，引导幼儿从生活经验、生活实际中捕捉数学现象，体现"数学源于生活、用于生活"，使幼儿体会到数学就在身边，感受到数学的魅力，体会到数学的乐趣。如在日常生活中利用生活素材让幼儿积累数学感性经验，包括桌椅等物体的形状、大小、颜色及其上下、前后、左右等形体及空间方位的认识。又如，利用生活和游戏的实际情景，引导幼儿理解数学概念的具体化。游戏是幼儿的最爱，将数学知识和游戏巧妙结合，才能让幼儿在玩中学，在学中玩。

在茂名市教育局党组成员、副局长李杰同志的大力支持和指导下，我在搜集各种参考资料的基础上，结合30年一线幼儿教育工作的经验，历经6年时间的反复修改、完善，并分别以高州市第一幼儿园、高州市曹江镇中心幼儿园、高州市小主人幼儿园、高州市育婴堂幼儿园等多所公办、民办幼儿园的小、中、大班幼儿为研究对象，编写了小、中、大班不同的生活化数学教学课例。我对这些课例进行"计划—实施—反思—调整"的具体教学实践，并在不断延伸总结、归纳经验的基础上，编写了本书。

本书对国内外幼儿园数学教学生活化的理论与实践进行梳理总结，并在此基础上，以《3—6岁儿童学习与发展指南》《幼儿园教育指导纲要（试行）》《广东省幼儿园一日活动指引》等文件精神为依据，科学制定了幼儿园一日活动各环节中的数学教育目标和家庭生活中的数学教育目标。同时，根据不同阶段的幼儿实际情况和学习要求，编写了不同的生活化数学课例，制定了课堂目标，创设支持幼儿探索数学的环境，选用易于操作的材料，制定符合幼儿学习兴趣的活动过程，引导幼儿在生活化的环境中主动学习、探索、操作，形成数学认知，发展数学思维，体验数学乐趣并将经验迁移到日常生活应用中。

本书中的故事由高州市第一幼儿园邹金玲老师和高州市宝光街道顿梭中心幼儿园何榆老师录音讲述，儿歌由高州市大井中心小学的俞慧敏、俞慧莹、张雨桐等同学和高州市第一幼儿园曾雨晴小朋友演唱，歌曲由星海音乐学院现代音乐与戏剧学院电子管风琴专业学生卢韵琦弹奏，在此对她们的支持与帮助表示衷心的感谢！

开卷有益，如果大家在研读该书过程中，能得到一点启发、一点收益，那编写这本书的目的就达到了。因水平有限，错漏之处，敬请各位批评指正，让我们共同为幼儿教育的健康持续发展贡献力量。

朱 晓

2020年6月

目 录

幼儿园一日活动中数学教学内容 / 2
家庭一日活动中数学学习内容 / 3
  1. 我爱我的幼儿园 / 5
  2. 手指 / 7
  3. 家里的数字 / 9
  4. 小小服务员 / 12
  5. 漂亮的车 / 14
  6. 拉链 / 16
  7. 手指数字 / 18
  8. 电话号码 / 23
  9. 餐具总动员 / 26

10. 家里的东西 / 29
11. 整理衣柜 / 32
12. 好玩的纽扣 / 34
13. 小小停车场 / 37
14. 我会打电话 / 39
15. 可爱的小动物 / 41
16. 摘果子 / 44
17. 我身边的颜色 / 46
18. 好玩的叶子 / 48
19. 我是男（女）孩 / 52
20. 生活中的数字 / 55

小班

让孩子初步感知数学在生活中的广泛运用；能从生活和游戏中感受事物的数量关系并体验到数学的重要和有趣，感知形状与空间的关系。发展孩子的观察力、分辨力、语言表达能力和动手操作能力。在一日活动的各个环节中进行渗透式学习，培养孩子对数学的兴趣并运用于日常生活之中。

主要目标：

1. 认识日常生活中的各种物体，并能按名称、颜色等特征进行分类。

2. 感知和发现周围物体形状的多种多样，对不同的形状感兴趣。

3. 体验和发现生活中很多地方都要用到数字，关注周围与自己生活密切相关的数字信息，体会数字可以代表不同的意义，感受寻找生活中数字的乐趣。

4. 能感知和区分物体的大小、多少、1和许多、高矮、长短等特点，并能用相应的词表示。

5. 能通过一一对应的方法比较两组物体的多少。

6. 能手口一致地点数10以内的物体，并能说出总数，能按数取物。

7. 能用数词描述事物或动作。

8. 能注意物体较明显的形状特征，并能用自己的语言描述。

9. 能感知物体基本的空间位置与方位，理解上下、前后、左右、里外等方位词。

幼儿园一日活动中数学教学内容

环节	可进行的数学教育内容
来园	1. 上下楼梯时感知上下、前后方位,手口一致地进行数数,并说出总数
	2. 感知书包与小朋友之间的一一对应关系
	3. 感知老师与小朋友之间的多与少,认识1和许多
	4. 在确定孩子出勤情况时,巩固小朋友手口一致数数的经验
	5. 数一数来了几个孩子,男孩有几个,女孩有几个
盥洗	1. 在取放毛巾、水杯、小椅子时,学习按名称、颜色等进行分类,感知一一对应的关系,感知1和许多,感知形状
	2. 洗手时,感知一一对应的关系,清点水龙头的数量,能手口一致地数数并说出总数,感知数与物的对应关系
	3. 等候洗手时,比较自己与同伴的高矮,尝试按一定的规律进行排序
进餐	1. 认识餐具的名称,摆放餐具,感知一一对应的关系
	2. 认识食物的名称、颜色,感知其形状
	3. 学习按餐具的名称或特征进行分类,感知1和许多的关系
如厕	1. 认识男女厕所标志,男女小朋友如厕的不同方法
	2. 学习一个跟着一个排队,一个厕所位一个小朋友,感知一一对应的关系
喝水	1. 认识水杯的形状、颜色等,在接水、喝水过程中理解"半杯""1杯""2杯"的数词含义
	2. 一人一杯,感知一一对应的关系
	3. 数数有几个人喝水,几个人不喝水,杯架上有几个杯子,大杯子有几个,小杯子有几个等

续上表

环节	可进行的数学教育内容
户外活动	1. 排队时数数，感知前后空间方位，能手口一致地数数并说出总数
	2. 游戏中比较高矮，拉手成大圆圈时感知圆形的大小，感知1和许多，了解1和许多的关系
	3. 在玩大型器械时，感知上下、里外等空间方位
	4. 在玩游戏（如拍球、跳绳等）时，能一边做动作一边数数并说出总数
午睡	1. 能手口一致地数穿衣服的件数并说出总数，感知衣服、被子的颜色、厚薄，并按一定的特征进行分类
	2. 进一步感知床、被子与小朋友之间的一一对应关系
	3. 在枕头、被子一头一尾交替摆放中，发现"ABAB"的排序规律，设置不同的排序规律
	4. 穿衣服时感知一只胳膊伸进一只袖子、一只脚穿上一只袜子的一一对应关系，发现并感知前后、上下、里外的空间方位
离园	1. 感知"第一"，知道第一个吃完、第一个来接孩子的家长等
	2. 穿外衣，巩固一一对应、里外方位等的感知
	3. 感受与来园时不同的前后空间方位

家庭一日活动中数学学习内容

环节	可进行的数学教育内容
来园、离园	1. 能手口一致地数每层楼梯的步级数并说出总数
	2. 感知鞋子的配对与左右
	3. 认读家、班级所在的楼层及相对应的数字，认读电梯、红绿灯、街道门牌等显示的数字
	4. 数一数已来园或未离园的人数，有几个男孩，几个女孩

续上表

环节	可进行的数学教育内容
作息	1. 认识白天、黑夜、早晨、晚上等，培养孩子的时间观念
	2. 知道自己睡在床的左右或里外位置，以及被子的大小、厚薄等
	3. 穿脱衣服时，认识里外、衣服的数量、穿脱的顺序等
盥洗	1. 认识各种洗漱用品的名称和数量，按某种特征进行分类
	2. 漱口时感知牙刷、水杯、毛巾、水龙头等的一一对应关系
	3. 在接水时感知"半杯""1杯"的概念
穿着	1. 认识衣服的名称、颜色、厚薄等，并按某种特征进行分类，感知3个物体中的最大、最小
	2. 能手口一致地数数穿了几件衣服，说出总数并能用正确的数字表示
	3. 按要求（不同人员、不同季节、不同名称）将家人的衣服进行分类整理
饮食	1. 认识各种食品的名称、颜色，学习按一定的规律进行分类
	2. 从超市或菜市场认识各种食物价格上的数字，感知数字在生活中的广泛应用
	3. 进餐时摆碗筷，感受一一对应的关系
	4. 进餐时清点家里的人数，能手口一致地数数并说出总数
物品	1. 寻找发现生活中用数字做标识的物体
	2. 在整理衣柜、收拾玩具的过程中，感知并体验配对、一一对应、按类别收放
	3. 感知常见事物的大小、多少、高矮、粗细等特征，按某种特征进行分类或归类
	4. 对物体的数量进行数数，比较两者之间的多少
活动	1. 认读户外各种物品（公路、汽车、门牌、指示牌等）上的数字，初步理解它们所表示的意义
	2. 在活动中对人或物进行数量的清点并说出总数
	3. 积极参与各项活动，能用较完整的语句表达意思

1. 我爱我的幼儿园

活动目标

❶ 能手口一致地进行 10 以内的数数，感知两者之间多与少的关系。
❷ 知道幼儿园的地址、所在的班级和老师的名字。
❸ 教育孩子喜欢上幼儿园，感受幼儿园的快乐时光。

活动准备

❶ 幼儿园图片。
❷ 街道门牌的图片。

活动内容

❶ 学唱歌曲《我爱我的幼儿园》，激发孩子的兴趣。
❷ 引导孩子说出所在幼儿园的名称和班级。

A. 初步认识幼儿园所在街道的名称及门牌号。

引导语：宝宝，你的幼儿园是在哪条街道？几号？你的教室在几楼？这些数字在什么地方可以找得到？

B. 说说我的幼儿园。

引导语：说说幼儿园有什么好玩的、有趣的事情。

❸ 初步比较多与少，认识1和许多。

引导语：你班上有几个老师？分别是什么老师？老师与小朋友相比，谁多谁少？有多少位老师？多少位小朋友？

扫码学唱歌曲
《我爱我的幼儿园》

❹ 初步学习 10 以内的数数，能手口一致地进行数数并说出总数。
- 数一数。

班上（家里）有多少个人。

- 游戏——老鹰捉小鸡。

数一数每次"老鹰"能捉到几只"小鸡"。

活动反思：（你在实施这个课程中有何感想？）

2. 手指

活动目标

❶ 学习用1~2的数字（物品）表示物品的数量（数字），初步感知数与物的对应关系。
❷ 培养孩子探索数学的兴趣。
❸ 锻炼孩子手指的灵活性，发展孩子动手操作的能力。

活动准备

生活用品若干。

活动内容

❶ 认识数字1、2。

• 认识数字1。

引导语：（伸出一根手指）这是什么？有几根？用什么数字来表示？1像什么？（木棍、笔、饼干条）还有什么物品的数量是可以用数字1来表示的？（引导孩子说出物品的数量，并取出要表示的数字的卡片）

• 认识数字2。

引导语：（出示两个物品）这是什么？有几个？可以用什么数字来表示？伸出几根手指可表示2？这两根手指像什么？（兔子的耳朵、剪刀）还有什么可以用数字2来表示的？

小结：凡是物品的数量是几的，都可以用数字几来表示。

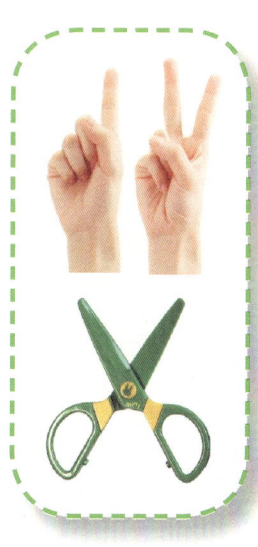

❷ 通过游戏，感受数字与物品的对应关系。

● 游戏——你说我做。

玩法：如家长说 1，孩子出示一根手指；或家长出示 2 根手指，孩子说 2。（或者角色互换进行游戏）谁错了把一张小纸条贴在自己脸上。

● 游戏——找一找。

玩法：引导孩子找找家里有什么物品是 1 个或 2 个的，找到并贴上相对应的数字。

❸ 动手连一连。

请你把数字和相对应数量的物品连在一起。

     1   2

延伸：根据孩子的实际情况，可以逐步运用 3~10 的数字表示物品的数量或根据物品的数量找出相对应的数字。

活动反思：（你在实施这个课程中有何感想？）

3. 家里的数字

活动目标

❶ 发现生活中的数字，知道数字无处不在。
❷ 运用数字进行游戏活动，激发孩子对数字的学习兴趣。
❸ 初步培养孩子的观察能力和语言表达能力。

活动准备

❶ 家里的物品。
❷ 0~9 数字的卡片。

活动内容

❶ 找一找家里物品上的数字。

引导语：（出示手机或电话机）这是什么？上面有什么数字？家里还有什么东西是有数字的？（日历、玩具、遥控器、钟表、小车等）是什么数字？

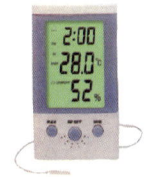

❷ 说说最喜欢的数字。

引导语：数字在生活中无处不在，和我们小朋友也有很密切的关系，那么你觉得最有趣的、最喜欢的数字是什么呢？你在什么地方见过这些数字？

❸ 巩固对 0~9 数字的认识。

● 游戏——数字接龙。

玩法：家长或孩子一个说 2，另一个接着说 3，如此重复，直到 10。

● 游戏——摆火车。

玩法：家长或孩子拿出 0~9 的数字卡片，从 0 开始，一个人摆一张，一边摆一边说出数字，并按顺序往下摆。

● 游戏——黑猫警长。

玩法：把数字按顺序摆好，引导孩子扮演黑猫警长，查一查少了哪个数字？并把它找出来。

● 游戏——看谁找得多。

玩法：和孩子去超市里找数字，引导孩子和父母进行比赛，看谁找得多。

❹ 学唱歌曲《数字歌》。

❺ 启发幼儿扩散思维，寻找更多的数字。

引导语：还可以在其他什么地方找到更多的数字，你知道它们分别表示什么意思吗？

扫码学唱歌曲《数字歌》

❻ 动手做一做。

● 圈一圈。

把下列物品中有数字的地方圈起来。

● 填一填。

请你按顺序把缺少的数字填上。

| 1 | | 3 | | 5 | 6 | | | 9 |

3. 家里的数字

- 找一找。

下列每组的数字分别是 1~10，看看每组少了什么数字，并在 ▢ 里填上。

1　3　5　7　9　10　2　4　8

6　8　7　2　4　5　10　1　9

5　10　8　1　3　4　2　6

活动反思：（你在实施这个课程中有何感想？）

4. 小小服务员

活动目标

❶ 学习把相关物品进行一一匹配，初步了解一一对应的关系。
❷ 在操作及游戏活动中，让孩子感受对应的关系。
❸ 培养孩子参与活动的积极性。

活动准备

碗筷、数字卡片及其他物品若干。

活动内容

❶ 感知物体与数字之间的关系。

引导语：今天我们家几个人吃饭？可以用什么数字来表示？你摆了几双筷子？可以用什么数字来表示？摆了几个碗，又可以用什么数字表示？

小结：凡是物品的数量，都可以用数字来表示。

❷ 感知一一对应的关系。

引导语：宝宝，今天你来当服务员。开饭啦，你来摆碗筷吧。一个人一双筷子、一个碗、一个碟、一个杯子，看看宝宝摆得对不对？

小结：可以用重叠或并排放置的方法感知物品之间的一一对应关系。

❸ 巩固一一对应的关系。

引导语：你还可以进行哪些一一对应的活动？（如一个人一双鞋子、一对袜子、一顶帽子等）

❹ 动手做一做。

• 连一连。

请你把可以一一对应的物品圈起来。

4. 小小服务员

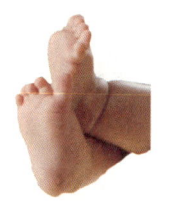  

● 找一找。

请你用一一对应的原理，判断哪只猫应该吃哪条鱼，把它们连起来。

延伸：你还见过什么物品？分别有几个？可以用什么数字来表示？还有什么物品是一一对应的？

活动反思：（你在实施这个课程中有何感想？）

5. 漂亮的车

活动目标

❶ 初步认识颜色（红、白、黑），并能按颜色进行分类和归类，巩固对数字的认识。
❷ 培养孩子的观察力和动手操作能力。
❸ 激发孩子学习数学的兴趣。

活动准备

❶ 红、白、黑三种颜色车辆的小图片若干，其他物品的小图片若干。
❷ 统计表2张。

活动内容

❶ 认识家里交通工具的颜色、车牌上的数字。
引导语：说说家里的车是什么颜色的，车上有哪些数字。
❷ 认识红、白、黑三种颜色并巩固对车牌上数字的认识。
引导语：小朋友，在马路上或停车场里有什么颜色的车？车牌上有哪些数字？
❸ 巩固对三种颜色的认识。
引导语：你所看过的物品中，有哪些是红色、白色、黑色的？
❹ 初步进行分类或归类。

• 分类：把相同颜色的车辆图片放在表格内。

5. 漂亮的车

颜色	汽车（分类）
★	
☆	
★	

● 归类：把相同颜色的物品图片放在同一表格内。

颜色	物品（归类）
★	
☆	
★	

延伸：把家里的物品按颜色进行分类或归类。

活动反思：（你在实施这个课程中有何感想？）

6. 拉链

活动目标

① 认知物品的名称及用途。
② 初步感知方位词（上下、里外、前后、左右等）。
③ 培养孩子的观察力和动手操作能力。

活动准备

上衣、裙子、包等物品若干。

活动内容

① 寻找生活中有拉链的物品，认知其名称及用途。

引导语：宝宝，这是什么东西？这个是什么呢？（演示拉拉链）拉链有什么作用呢？

② 初步感知方位词。

引导语：（出示上衣、裙子、包）这些物品的拉链是在什么位置的？拉拉链的时候是由什么方向向什么方向拉的？哪种拉拉链的方式好一点？

③ 孩子操作，感受从不同方向拉拉链。

（出示各种有拉链的物品）引导孩子边拉拉链边说哪里有拉链，打开的时候是从哪个方向向哪个方向拉，闭合的时候是从哪个方向向哪个方向拉。

6. 拉链

❹ 动手做一做。

请你在有拉链的物品下的 [ ] 里打"√"，没拉链的物品下的 [ ] 里打"×"。

延伸：生活中还有哪些物品是有拉链的？这些拉链在什么位置？是由什么方向向什么方向拉拉链的？

活动反思：（你在实施这个课程中有何感想？）

7. 手指数字

活动目标

❶ 能用手指表示 1~10 的数，感知数与物的对应关系。
❷ 训练孩子手指的灵活性。
❸ 培养孩子积极参与活动的兴趣。

活动准备

❶ 0~10 的数字卡片若干。
❷ 不同的物体若干。

活动内容

❶ 出示 1 到 10 个物品，找出相对应的数字，感受物与数的对应关系。

引导语：宝宝，这是什么？有几个？用什么数字来表示？

小结：凡是物体的数量，都可以用数字来表示。

❷ 学习用手指表示物与数的对应关系。

引导语：宝宝，这是什么？（伸出手指）有几根手指？可以用什么数字来表示？这是数字几？可以用几根手指来表示？

- 游戏——我说你做。

玩法：家长说几，孩子出示相应数字的手指。

- 游戏——拍拍手。

玩法：家长（孩子）说出数字，孩子（家长）根据数字拍手。

7. 手指数字

❸ 发展幼儿的想象力。

● 游戏——看看像什么。

引导语：宝宝，2根手指除了可以表示数字2以外，看看它还像什么？（如小兔的耳朵、剪刀、胜利的手势、字母V等）那么，3根、4根手指又分别像什么呢？

● 游戏——手指游戏。

玩法：一边念儿歌《手指变变变》，一边出示相对应的手指数量。

手指变变变

一根手指头呀，变变变，变成毛毛虫，上爬爬下爬爬左爬爬右爬爬；
两根手指头呀，变变变，变成小剪刀，上剪剪下剪剪左剪剪右剪剪；
三根手指头呀，变变变，变成小叉子，上叉叉下叉叉左叉叉右叉叉；
四根手指头呀，变变变，变成小蝴蝶，上飞飞下飞飞左飞飞右飞飞；
五根手指头呀，变变变，变成小青蛙，上跳跳下跳跳左跳跳右跳跳；
六根手指头呀，变变变，变成小黄牛，上哞哞下哞哞左哞哞右哞哞；
七根手指头呀，变变变，变成小嘴巴，上吃吃下吃吃左吃吃右吃吃；
八根手指头呀，变变变，变成小手枪，上打打下打打左打打右打打；
九根手指头呀，变变变，变成小勾勾，上勾勾下勾勾左勾勾右勾勾；
十根手指头呀，变变变，变成大力士，上提提下提提左提提右提提。

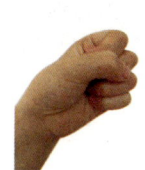   

0. 握拳　　1. 伸食指　　2. 伸食指、中指　　3. 伸食指、中指、无名指

   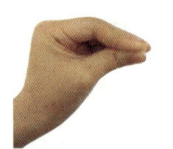

4. 伸食指、中指、无名指、小指　　5. 五指全伸　　6. 伸拇指、小指　　7. 拇指、食指、中指捏在一起

   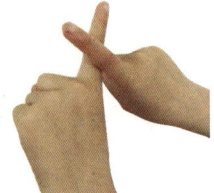

8. 伸拇指和食指　　9. 勾起食指　　10. 食指、中指重叠或左右手的食指交叉在一起

❹ 巩固数字与物品相对应的认识。

● 游戏——看谁反应快。

玩法：一个人伸手指，另一个人说出对应的数字，或一个人说数字，另一个人立即出示相对应的手指。说错或做错了就要被对方轻轻刮一下鼻子。

● 游戏——找一找，做一做。

玩法：找一找生活中的物品，数量分别是多少？用什么数字来表示？还可以用几根手指来表示？

❺ 学唱歌曲《手指谣》，训练手指的灵活性。

❻ 动手做一做。

● 连一连。

请你把数字与相同数量的物品连起来。

扫码学唱歌曲
《手指谣》

7. 手指数字   21

● 填一填。

请你在图片下方的 □ 里填上相对应的数字。

活动反思：（你在实施这个课程中有何感想？）

8. 电话号码

活动目标

❶ 知道电话号码都是由数字组成的，感知数字在日常生活中的广泛运用。

❷ 了解一些特殊的电话号码，并知道它们可以在紧急情况下解决一些特殊问题。

❸ 学习使用特殊电话号码，培养孩子初步的自我保护意识。

活动准备

❶ 110、119、120 的数字图片及警察、警车、消防车、救护车的图片若干。

❷ 手机或电话机一部。

活动内容

❶ 听故事《聪明的黑猫警长》，引导孩子的学习兴趣。

引导语：故事的名称叫什么？谁遇到了危险？黑猫警长是怎么发现小白兔有危险的？我们遇到危险时要怎样做？可以打什么电话？

❷ 感知电话号码都是由数字组成的。

引导语：（出示手机或电话机）看看上面有些什么？分别是什么数字？这些数字经过不同的组合，可以变成什么？爸爸妈妈的电话号码是多少？你还知道哪些人的电话号码？

扫码听故事
《聪明的黑猫警长》

❸ 学习打电话，知道打电话的顺序。

引导语：（出示手机）我们想打电话给奶奶或外婆，怎么打呢？

❹ 模拟打特殊电话，了解特殊电话号码的作用。

引导语：小白兔遇到危险可以打110找警察，如果发生火灾了，怎么办呢？发现有人生病了，又怎么办呢？你还知道哪些特殊的电话号码吗？它们分别有什么用？

❺ 巩固对特殊电话号码的使用。

● 游戏——变魔术。

玩法：黑猫警长变出某一个特殊电话号码，孩子快速说出其名称。

● 游戏——猜一猜。

玩法：家长出示某一个特殊电话号码，孩子说一说发生了什么事情要拨打这个号码。

● 游戏——举一举。

玩法：家长出示图片（如消防车、救护车），小朋友出示相应的电话号码。

小结：特殊电话号码只能在特定时刻（如有人病了、有坏人、发生火灾等时候）才可以使用，其他时间不能随便拨打这些电话号码。

❻ 寻找这些数字。

引导孩子找一找哪里有特殊电话号码的提示。

❼ 认识其他的特殊电话号码。

除了110、119、120这几个特殊的电话号码外，你还知道有哪些其他的特殊电话号码吗？它们分别是有什么用的呢？（如114、122、12315、10086、10000、117、121）

❽ 学习儿歌《特殊电话歌》，进一步巩固对特殊电话的认识。

特殊电话歌

打电话，记号码；记住电话好对话；
114，查号码；117，问时间；
110，找警察；要报火警119；
急救中心120；121，知天气；
只要牢牢记住这些数；天地变小我变大。

❾ 学唱歌曲《119》，巩固对火警电话的认识。

扫码学唱歌曲
《119》

活动反思：（你在实施这个课程中有何感想？）

9. 餐具总动员

活动目标

1. 认识餐具的名称和作用,鼓励尝试使用各种餐具。
2. 初步学会按一定的特征对物品进行分类。
3. 体验餐具的其他作用,培养孩子的动手操作能力。

活动准备

1. 碗、碟、筷子、汤匙等实物和图片若干。
2. 其他国家使用餐具的视频。

活动内容

1. 认识餐具(碗、碟、汤匙、筷子)的名称。

- 餐前认知。

引导语:宝宝你看,妈妈为我们准备了什么?它们是什么样的?(引导孩子观察各种餐具,说说它们的名称和形状)

- 自由探索。

引导语:刚才吃了什么?怎么吃的?请了什么餐具来帮忙?还可以请哪些餐具来帮忙?(启发孩子的发散性思维,知道吃同一种食物可以用不同餐具)

2. 听故事《餐具王国的故事》,巩固对餐具的认识,知道筷子是成双使用的。

引导语:故事的名称叫什么?发生了什么事情?筷子有几个兄弟?筷子一怀疑谁?怎么找到筷子二的?它为什

扫码听故事
《餐具王国的故事》

么要找筷子二呢?

❸ 动手做一做。

• 我的餐具。

按照表格把相同的餐具放在一起。

碗	
碟	
筷子	
汤匙	

• 餐具交响乐：用筷子敲打各种餐具，感受不同餐具发出的声音。

• 利用餐具进行绘画或手工制作。

- 观看视频，了解不同国家的不同进餐习惯。
- 引导幼儿寻找各种各样的餐具，知道名称相同，颜色、形状、大小不一定相同。

活动反思：（你在实施这个课程中有何感想？）

10. 家里的东西

活动目标

① 尝试用寻找、记录的方法，了解家中各种物品的数量。
② 认识物品的形状、颜色等，根据一定的规律进行分类、归类、比较等。
③ 培养孩子的观察力和动手操作能力。

活动准备

① 家里的物品图片若干。
② 记录卡一张。
③ 贴纸若干。

活动内容

① 认识家庭中各种物品的名称、数量、颜色、形状等。

引导语：说说家庭中都有哪些物品（鞋、桌子、椅子、茶杯、玩具、电视机等），这些物品各有多少？可以用数字几来表示？

② 对物品进行归类。
• 画面上是家里的什么地方？（厨房、客厅、卧室等）
• 想一想，刚才我们看到的物品都放在哪里？为什么？（如：碗和汤匙可以放在厨

房,玩具可以放在客厅,也可以放在卧室里等)厨房的用品还可以怎样分类(归类)?如把餐具放在一起,把食品放在一起,把肉类放在一起,把青菜放在一起等。

● 数一数每个房间共有哪些物品?数量是多少?可以用什么数字来表示?哪个多哪个少?

❹ 按一定的规律进行分类、归类。

把相同(或不同)的物品按同一颜色(或形状)放在一起。

❺ 尝试对自己的学习用品进行分类、归类。

❻ 动手做一做。

引导孩子尝试把所见到的物品按照自己的方式进行分类或归类,用"●"表示物品的数量并贴上相对应的数字,学习用较完整的语言讲述自己的操作方法。

电视	●●	2
手机		
时钟		
椅子		
桌子		

10. 家里的东西

续上表

活动反思：（你在实施这个课程中有何感想？）

11. 整理衣柜

活动目标

① 初步认识衣服的名称和穿法。
② 初步学会按颜色、种类等进行分类和归类。
③ 促进孩子观察、综合能力的发展。

活动准备

各种衣服若干。

活动内容

① 认识衣服的名称及穿法。

引导语：宝宝，这是什么？是什么颜色？怎么穿呢？

② 按名称进行分类（裙子、裤子、上衣）。

引导语：宝宝，你看你的衣柜太乱了，让我们一起来整理一下吧。（出示各种衣服）这是什么呢？我们先把裙子、裤子、上衣等一件一件地分好。

③ 按颜色再次进行分类（红、黑、白、黄）。

引导语：（出示分类好的衣服）你看，这些裙子有什么颜色？我们要把同一颜色的裙子放在一起。

④ 按季节进行第三次分类（夏天、冬天）。

引导语：（出示衣服）这些衣服什么是一样的？什么是不一样的？（如厚薄、长短不一样）这是天气热（冷）穿的吗？为什么？

11. 整理衣柜

❺ 按同一名称、同一颜色、同一季节进行归类。

引导语：宝宝，我们把夏天（冬天）的红（黑、白）色裙子（上衣、裤子）放在一起吧。

延伸：把其他物品按照一定的规律进行分类或归类。

活动反思：（你在实施这个课程中有何感想？）

12. 好玩的纽扣

活动目标

1. 认识纽扣的形状和作用。
2. 初步感知一一对应的关系，巩固对归类或分类的理解。
3. 培养孩子的动手操作能力。

活动准备

1. 不同形状和大小的纽扣若干。
2. 有纽扣的衣服若干。

活动内容

1. 猜谜语，引起孩子的学习兴趣。

谜面：兄弟四五人，各有一道门，如果走错了，出去笑死人。（谜底：纽扣。）

2. 听故事《小纽扣的本领》，巩固对物品名称、颜色的认识。

引导语：这是什么？上衣或裤子是什么颜色的？纽扣有什么颜色的？你还见过什么形状的纽扣？

3. 初步感知纽扣的形状和作用。

引导语：为什么衣服和裤子上会有纽扣？是什么形状的？它们有什么作用？（试一试不解开纽扣能不能穿上衣服或裤子）

扫码听故事
《小纽扣的本领》

❹ 巩固对数量的认识。

引导语：数一数，这件上衣（裤子）有几颗纽扣（纽孔）？纽扣和纽孔的数量是怎么样的？（一样的）

❺ 初步感知一一对应的关系。

引导语：怎么样扣纽扣才是正确的？

❻ 尝试对纽扣进行分类或归类。

引导语：这些纽扣是什么形状（颜色）的？请分别把颜色、形状、大小相同的纽扣放在一起。

❼ 认识纽扣的其他用途。

引导语：纽扣除了使穿衣服方便外，还有什么作用？

❽ 学习儿歌《扣纽扣》，进一步了解一一对应的关系。

扣 纽 扣

一个眼，

一个扣，

我帮它们手拉手，

结成一对好朋友。

❾ 动手做一做。

● 分一分。

请按照要求进行分类。

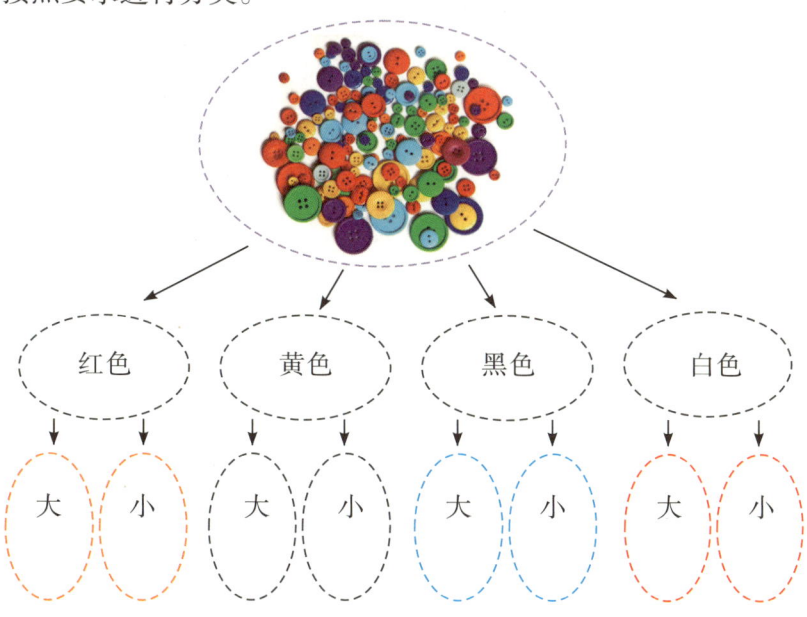

● 排一排。

按一定的规律把它们继续排列下去。

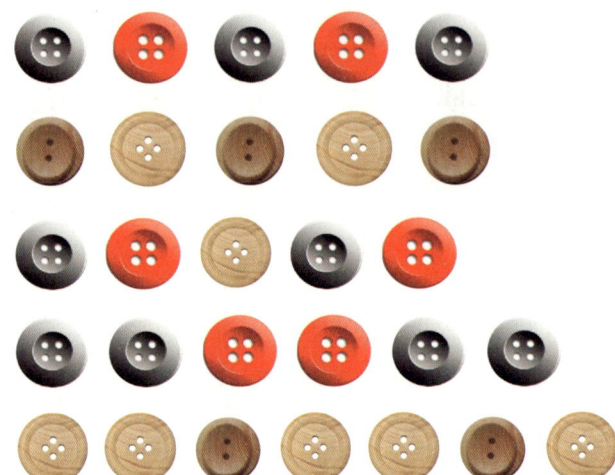

活动反思:（你在实施这个课程中有何感想？）

13. 小小停车场

活动目标

❶ 巩固对颜色、形状的认识，练习口手一致地进行 10 以内的数数。
❷ 引导孩子尝试用数、贴的方法进行简单的统计，初步体验符号统计的方便。
❸ 培养孩子的观察能力和动手操作能力。

活动准备

❶ 各种颜色、种类车辆的图片若干。
❷ 贴纸若干。

活动内容

❶ 观察车辆，认识车辆的名称、颜色。

引导语：宝宝，我们家有什么车？（摩托车、自行车、小汽车）数一数，摩托车、小汽车有几个车轮？可以用什么数字来表示？摩托车、小汽车是什么颜色的？你从车上能找到什么形状？

❷ 到小区或其他停车场，认识其他的车辆，观察车辆的颜色和车轮的数量。

引导语：这是什么车？什么颜色的？有几个车轮？从车上能找到什么形状？

❸ 了解车辆给人们生活带来的便利，对孩子进行安全教育。

引导语：哪种车开得快？哪种车开得慢？我们要去北京，开什么车去最快呢？为什么？我们开车时要注意

什么问题呢？红绿灯有什么作用呢？

❹ 了解车上的数字、方向指示灯等，知道它们的基本功能。

引导语：我们找找车上有什么数字？这些数字有什么作用？看看这个方向指示灯，我们要向哪边转弯了？

❺ 学习用图表的形式对停车场的车辆进行初步的统计。

❻ 说说我认识的车辆。

引导孩子说说他还认识什么车，有多少个车轮，能从车上找到什么形状（数字）。

❼ 动手做一做。

引导孩子根据提示，用贴小五角星和用数字表示总数的方法对车的数量进行统计。

相同颜色的车	数量	相同车轮数量的车	数量
	★★★★★ 5		

活动反思：（你在实施这个课程中有何感想？）

14. 我会打电话

活动目标

1. 学会认读电话号码中 0~9 的数字。
2. 明白打电话能快速知道许多事情，学习拨打手机和本地固定电话。
3. 愿意和别人交谈并说出自己心里的想法，培养孩子的交往能力。

活动准备

1. 手机或电话机各一部。
2. 0~9 的数字卡片若干。

活动内容

1. 听故事《小老鼠打电话》，巩固对数字的认识。

   引导语：小老鼠为什么会打错电话呢？（记错了电话或不会打电话）出示手机号码或固定电话号码，引导孩子认读数字，再引导孩子说说并认读家人的电话号码。

2. 巩固对数字的认识及认识手机上拨打电话、接听电话等图标。

   引导语：（出示手机或电话机）宝宝看一看，手机上这些数字是什么？打电话时要先怎么做？接电话呢？

3. 学习打电话（手机和固定电话）。引导幼儿要注意使用礼貌用语（你好、谢谢、再见等）

   引导语：宝宝，爸爸出差了，想不想爸爸呢？我们打

扫码听故事
《小老鼠打电话》

个电话给爸爸吧。好久没去外婆家了，我们打个电话问问外婆有什么好吃的，可是外婆没有手机啊，只有固定电话，你知道电话号码吗？打电话时要先说什么话呢？挂电话前我们还要说什么话呢？

小结：我们在给别人打电话时要注意一些事情，如中午、晚上大家都要休息了，如果不是非常紧急的事，我们就不要打扰别人。

❹ 学唱歌曲《小老鼠打电话》，感受打电话的乐趣。

扫码学唱歌曲
《小老鼠打电话》

活动反思：（你在实施这个课程中有何感想？）

15. 可爱的小动物

活动目标

❶ 能手口一致地进行 10 以内的数数并能说出总数，正确感知 10 以内的数量。
❷ 学习按某种特征进行分类。
❸ 培养孩子的观察能力和动手操作能力。

活动准备

❶ 小动物的图片若干。
❷ 图表一张。

活动内容

❶ 学唱歌曲《我爱我的小动物》，了解动物的基本特征。

扫码学唱歌曲
《我爱我的小动物》

❷ 了解各种动物各有几条腿。

引导语：人有几条腿？你见过小鹅（小猪、小猫）吗？它们有几条腿？2 条腿的动物还有哪些？4 条腿的呢？看看图表，你所认识的动物中，4 条腿的多还是 2 条腿的多？

小结：禽类 2 条腿，兽类、畜类 4 条腿。

❸ 观察其他动物各有几条腿。

引导语：你知道蜜蜂、螃蟹各有几条腿吗？还有哪些动物是 6 条或 8 条腿的？

小结：蝴蝶、蜜蜂、螳螂、蝉、蚱蜢、飞蛾、毛毛虫、蚂蚁、甲虫、苍蝇、蚊子等有 6 条腿，蜘蛛、螃蟹、章鱼有 8 条腿。

❹ 学习进行分类、归类。

引导语：请你把 2 条腿、4 条腿、6 条腿、8 条腿的动物放在一起，把会飞的、不会飞的放在一起。

动物类型	相同类
2 条腿的动物	
4 条腿的动物	
6 条腿的动物	
8 条腿的动物	

会飞的动物	不会飞的动物	会游泳的动物	不会游泳的动物	有翅膀的动物	没有翅膀的动物

15. 可爱的小动物

❺ 学唱歌曲《数数歌》,进一步理解 10 以内的数字。

扫码学唱歌曲
《数数歌》

活动反思: (你在实施这个课程中有何感想?)

16. 摘果子

活动目标

① 正确感知和判断 10 以内的数量,能进行数和物匹配。
② 激发孩子参与数学活动的兴趣,逐步建立数的守恒概念。
③ 培养孩子的动手操作能力和观察能力。

活动准备

① 每人一个篮子。
② 1~10 数字卡片若干。

活动内容

① 学唱歌曲《摘果子》,激发孩子兴趣。
② 复习巩固 1~10 的数字及所表示的意义。

引导语:(出示 1~10 的数字卡)宝宝这是什么数字? 5 个苹果可以用什么数字来表示?

③ 目测数群,能不受物体排列形式的影响,正确感知数群。

引导语:看看树上有几个果子?可以用什么数字来表示?

④ 能进行数和物匹配,明白每个数可以表示相应数量的物体。

引导语:A. 宝宝,篮子里面有数字卡,你根据数字卡摘对应的果子,如数字卡 6,那就摘 6 个果子。

B. 宝宝,把你摘下的果子数一数,有几个?可以用什么数字来表示?把对应数字的数字卡放在水果上。

扫码学唱歌曲
《摘果子》

16. 摘果子

❺ 了解水果的不同吃法和加工，对孩子进行安全教育。

引导语：这些水果可以怎么吃？吃前要做些什么？还可以加工成什么呢？（如芒果干、葡萄汁）

❻ 动手做一做。

● 圈一圈。

请你把红色的水果圈起来。

● 连一连。

请你把数量相同的水果连起来。

活动反思：（你在实施这个课程中有何感想？）

17. 我身边的颜色

活动目标

① 认识红、黄、蓝、绿4种颜色,并按颜色进行分类,感知色彩的美。
② 寻找生活中的颜色,了解颜色的作用,享受活动的乐趣。
③ 培养孩子的观察力和动手操作能力。

活动准备

① 生活中各种颜色的物品若干。
② 各种颜色的物品图片或各种颜色的贴纸若干。

活动内容

① 认识日常生活中常见物品的名称和颜色(红、黄、蓝、绿)。

引导语:(出示西红柿、香蕉、青菜、拖鞋等)宝宝,这个是什么呢?它是什么颜色的?

② 说一说生活中还有哪些东西是红(黄、蓝、绿)色的,感知色彩的美。

引导语:我们家里有什么是红(黄、蓝、绿)色的?你还见过什么东西和它是一样颜色的?

③ 学习按颜色进行分类。

引导语:(出示各种颜色的物品或贴纸)把相同颜色的物品放在一起,看谁又快又对?

④ 涂色《小白兔吃萝卜》,熟练使用红、

黄、蓝、绿4种颜色进行涂色。

引导语：（出示示范画）这是什么？在做什么呢？想想：红萝卜是什么颜色的？叶子是什么颜色的？小白兔坐的这朵云是什么颜色的？请你把它涂好颜色吧。

5️⃣ 动手做一做。

请你分别用红、黄、蓝、绿4种颜色的彩笔把相同颜色的物品圈起来。

活动反思：（你在实施这个课程中有何感想？）

18. 好玩的叶子

活动目标

❶ 能够按大小顺序将 3 个物体进行排序。
❷ 能排除大小的干扰，按颜色对树叶进行分类。
❸ 培养孩子的观察能力和动手操作能力。

活动准备

❶ 不同颜色的树叶若干。
❷ 纸、剪刀、胶水等若干。
❸ 篮子 3 个。

活动内容

❶ 户外捡叶子，观察叶子的颜色。
引导语：这片叶子是什么颜色的？看看地上（树上）还有什么颜色的叶子？
❷ 学习 10 以内的数数。
引导语：我们今天一共捡了多少片叶子？可以用什么数字来表示？
❸ 排除大小的干扰，按颜色进行分类。
引导语：（出示叶子若干）这些叶子分别是什么颜色的？这些叶子的大小是一样的吗？我们把红、黄、绿的叶子各放在相应的篮子里吧。
❹ 按大小进行排序。
引导语：（出示相同颜色的 3 片叶子）我们把这 3 片叶子由大（小）到小（大）进行排队吧。

18. 好玩的叶子

（出示不同颜色的3片叶子）我们把这3片叶子由大（小）到小（大）进行排队吧。

❺ **认识叶子的种类。**

引导语：你还见过哪些不同形状、不同种类的叶子？

❻ **讨论叶子的用处。**

树叶的用处：

（1）可以供给地球上大部分生物作为食物。

（2）有些叶子可以收藏。

（3）可以给爱好粘贴画的朋友作为素材。

（4）可以进行光合作用，制造氧气。

（5）可以净化空气。

（6）一部分有药用价值，可以入药治病。

（7）腐烂后或燃烧后埋在地下可以作为其他植物的营养来源。

（8）部分动物的搭窝材料。

（9）可以调节空气温度及湿度。

（10）可以衬托鲜花的娇艳。

（11）可以根据部分树叶的形态看出四季。

（12）可以影响气候及降雨。

（13）可以作为衣服来御寒、遮体。

（14）可以用树叶折叠成碗状舀水喝。

（15）部分可以包着食物蒸烤，使食物味道更鲜美。

除了这些用处外，树叶还有其他的用处吗？

❼ **制作树叶画、书签等。**

引导孩子用树叶作画、制作书签或其他物体。

❽ 学唱歌曲《小树叶》，进一步了解树叶。

❾ 动手做一做。

● 涂一涂。

给最大的树叶涂上红色，给最小的树叶涂上绿色。

扫码学唱歌曲
《小树叶》

● 数一数。

数数各种颜色的树叶各有几片，把数字写在 ☐ 里。

18. 好玩的叶子

- 排一排。

请你把它们从小到大排一排。

请你把它们从大到小排一排。

活动反思：（你在实施这个课程中有何感想？）

19. 我是男（女）孩

活动目标

1. 认识男女的基本特征，知道自己是男孩或女孩，区分男女。
2. 尝试用间隔（ABAB）方式进行排序。
3. 体验男孩女孩一起游戏的快乐，学习与人友好相处。

活动准备

1. 男孩女孩的图片若干
2. 裙子、裤子若干。

活动内容

1. 了解男孩、女孩的基本特征，会区分男女，知道自己的性别。

引导语：请一个男孩和一个女孩出来，让孩子说说他们之间外表、穿着上有什么异同。接着问孩子们，你们是男孩还是女孩？家里人谁是男孩？谁是女孩？

2. 出示裙子、裤子等物品，初步区别衣服的基本特征。

引导语：这是什么？这是男孩还是女孩的服装？为什么？请对男孩、女孩的衣服进行分类。

3. 巩固对性别的认识。

游戏——看谁做得对。

玩法：当家长（或老师）说，男孩（或女孩）举手（或站起来），孩子根据要求做相对应的动作。

19. 我是男（女）孩

❹ 按规律排序。

按男女——间隔（ABAB）排序操作。老师让5个孩子按ABABA来进行示范，引导孩子发现其中的规律，然后按要求排队。也可以出示其他规律的图片，让孩子尝试按照其他规律进行排序。

❺ 动手做一做。

● 涂一涂。

如果你是男孩子，就在男孩图片右边的  涂上颜色；如果你是女孩子，就在女孩图片右边的  涂上颜色。

● 连一连。

请你把男（女）孩子以及他们的衣物连起来。

● 排一排。

请你按规律进行排序。

活动反思：（你在实施这个课程中有何感想？）

20. 生活中的数字

活动目标

① 认识 0~9 的数字，对数字产生兴趣。
② 了解数字在日常生活中的应用，初步理解数字与人们生活的关系。
③ 培养幼儿的观察能力和语言表达能力。

活动准备

① 生活中有数字的物品若干。
② 把与数字相关的生活场景或物品的照片存放于数码相机中。

活动内容

① 观察生活中运用数字的实物或照片，初步感知数字的用途。

引导语：宝宝看一看，这些东西上有些什么数字，这些数字有什么用呢？

小结：电话机上的数字是拨电话号码用的；××××× 是这辆车的牌照，每辆车都有属于自己的牌照；电视遥控器上的数字是按频道用的；时钟上的数字是用来表示时间的，等等。

② 回忆生活中的有关数字，进一步感知数字的用途。

引导语：A．我们生活中还有什么地方用到数字？它们都有什么作用？（爸爸妈妈的手机上也有数字，是打电话用的；我家的门上也有数字，是门牌号码；我的本子上有数字，是我的学号；我家的挂历上也有数字，是表示月份、日期的；电风扇上有数字，是调节风力大小的；温度计上有数字，是表示现在的温度）

B．（出示钱币、门牌号、报箱、公交车牌、乐谱等物品的照片）你们知

道这些东西上面的数字有什么用吗？

❸ 寻找自己身边的数字，切身感受数字与自己生活的关系。

引导语：我们身上的物品哪些有数字呢？（衣服、鞋子）表示什么意思呢？（尺码越大说明鞋子、衣服也越大）

❹ 动手做一做。

● 圈一圈。

请你把数字圈出来。

● 辨一辨。

在有数字的物品下的 ▭ 里打"√"。

活动反思：（你在实施这个课程中有何感想？）